이 책은 홍보 수단을 통하여 복음을 전하는
성바오로 수도회 수도자들이 제작한 것입니다.

Master, Master
by
Chung Eun-Sook
ⓒ **SSP Dasom Publications / Seoul, Korea 2004**

차 례

기적	... 5
영혼 사랑	... 17
못말리는 쿠쿠	... 29
나눔	... 41
내 뜻대로 (전편)	... 53
내 뜻대로 (후편)	... 65
성소	... 77
꼬리의 반항 (전편)	... 89
꼬리의 반항 (후편)	... 101
참된 평화	... 113
거짓 종교	... 125
상처	... 137
모점	... 149
죽은 이를 위하여	... 161
무관심	... 173
보보의 믿음	... 185

기적

꼭 주님께 청원해 주십시오, 부탁입니다. 손님은 저희가 뵙기에도 평범한 분이 아닌 듯 싶습니다.

어쩌면 주님께서 손님의 기도를 들어 주실지도 모른다는 생각이 듭니다.

예언자는 길을 떠나면서 안타까운 심정이었네.

하지만 성지에 도착한 그는 성전으로 들어가 주님께 기도를 드렸네.

왜냐하면 예언자의 눈으로 봤을 때 그 부부의 일생에는 아이가 없기로 되어 있기 때문일세.

주님, 그 부부는 저에게 매우 친절했습니다. 그 착한 부부를 축복해 주소서.

아무쪼록 자비를 베푸시어 그들 부부에게 자식의 은총을 내려 주소서.

그들은 자식 가질 운수가 없느니라.

그렇긴 합니다만….

사부님께서는 매일 그 집으로 가서 그녀가 진정되었는지 어떤지 물어 보시는가 봐.

내일이 사흘째 되는 날이야.

날씨가 제법 추워.

보보야, 난로 곁으로 와.

보보의 감기가 오래가는 걸.

그라시아가 달라졌어요. 많이 진정된 것 같아요. 더 이상 울부짖지도 않고 힐라로의 이야기는 꺼내지도 않아요.

모든 게 빠스똘 수사님의 덕이에요.

하지만 통 말을 하지 않으니 아직 그 애 마음을 잘 모르겠어요.

아직 하루가 더 남았으니 완전히 진정될 때까지 기다려 봅시다.

그런 사연이 있었군요. 어린 마음에 상처가 컸겠어요.

제가 수도원을 찾아온 건 그런 이유가 아니에요. 저는 다만….

저는 결혼한 뒤 지금까지 별 고생 않고 살았어요. 물론 남편의 덕이지만요.

너무 안락한 생활을 하다 보니 괜히 하느님께 죄스러운 마음이 들고…

이제는 남에게 베풀며 살아야 겠다는 생각이 들더군요.

마침 고향을 방문해 친척 집에 묵으면서 빠스뚤 수사님에 관해 듣게 되었어요.

지금처럼 추운 겨울에는 더욱 힘드실 텐데, 더구나 어린아이가 지내기에 너무…

수사님은 정말 가난하게 사신다고 들었는데 직접 와서 보니 사실이군요.

이런 곳에서 어떻게…

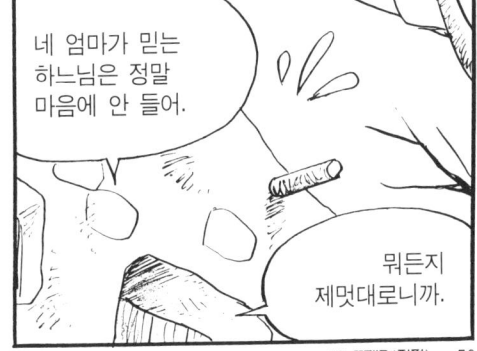

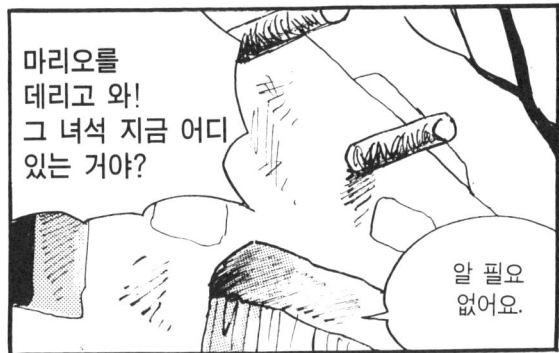

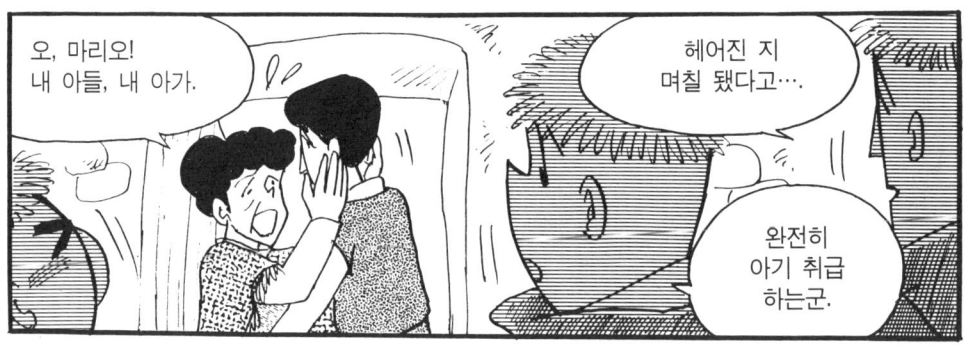

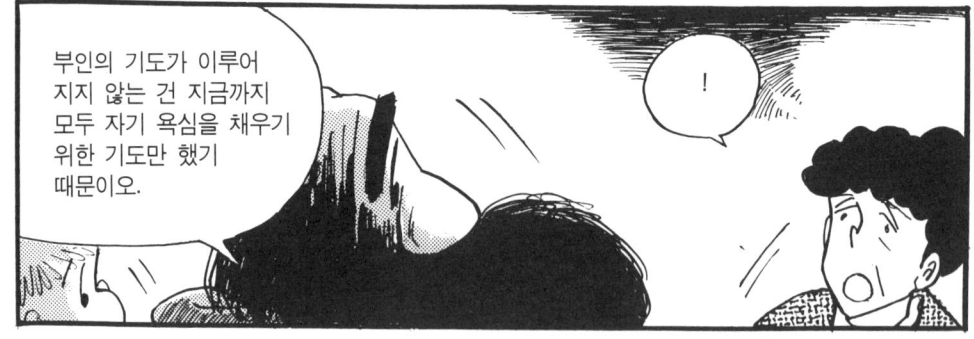

누구든지 나에게 올 때
자기 부모나 처자나
형제 자매나
심지어 자기 자신마저
미워하지 않으면
내 제자가 될 수 없다.
(루가 14, 26)

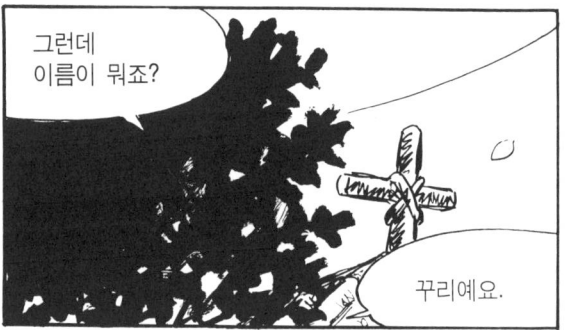

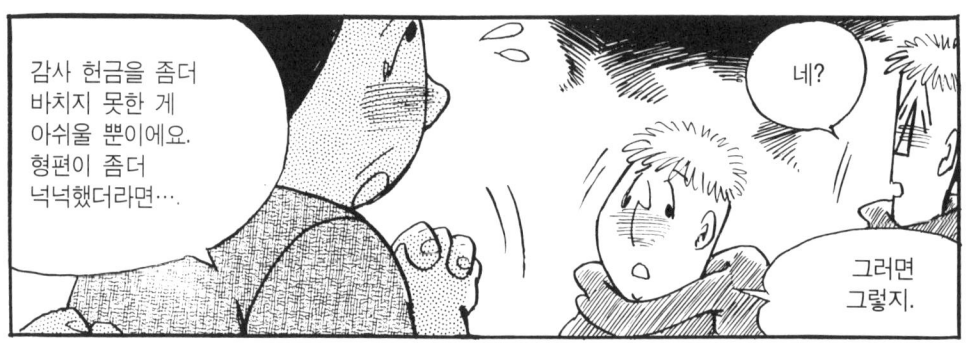

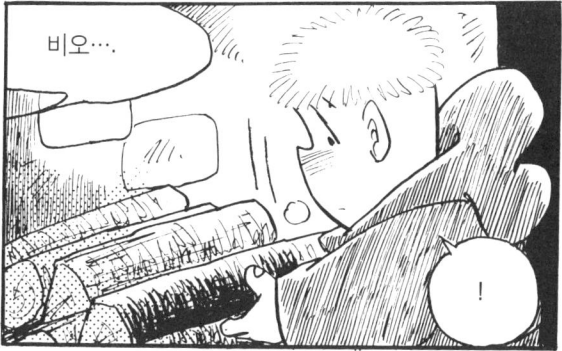

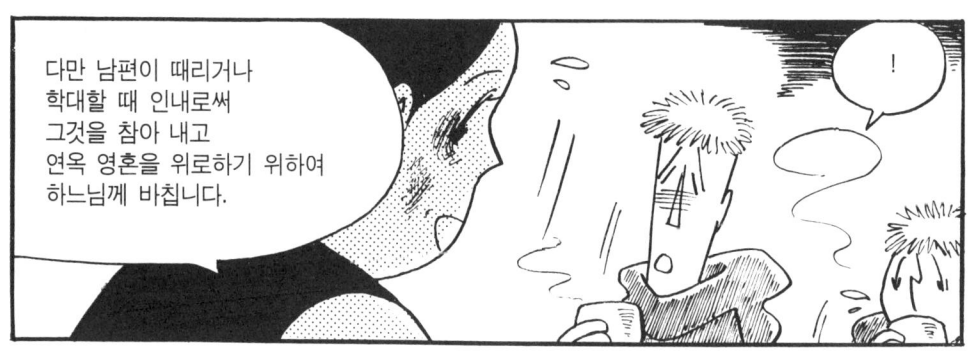

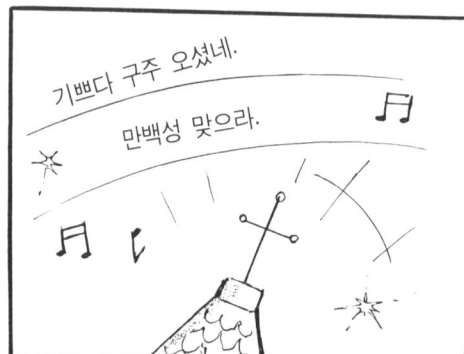

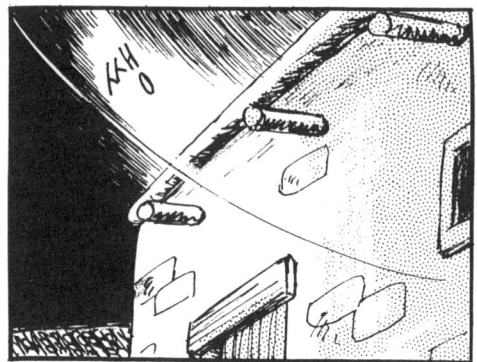

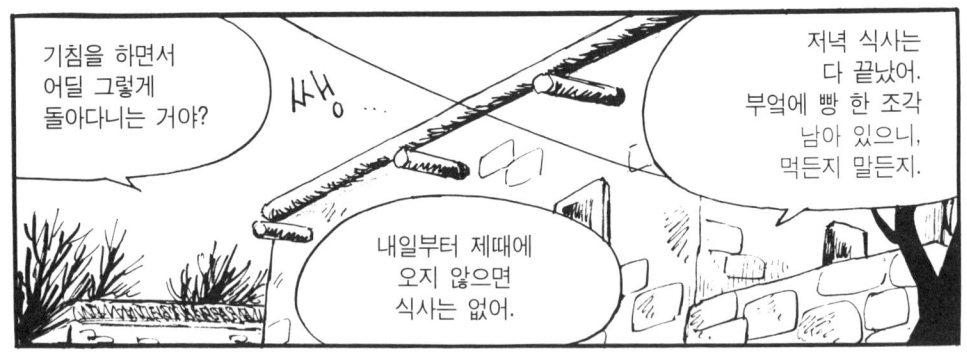

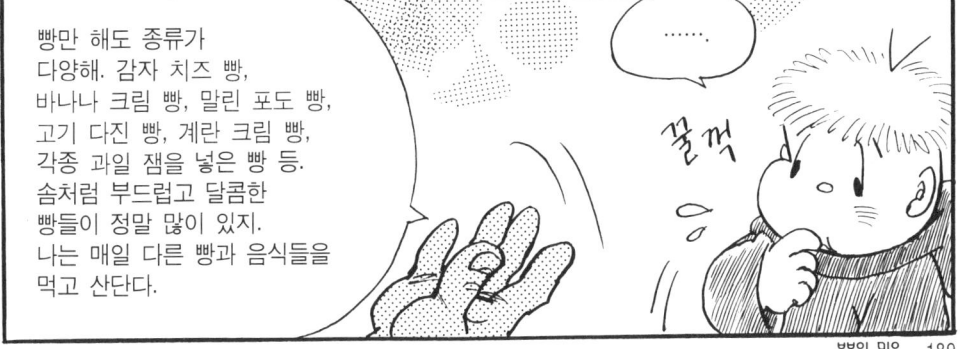

글 · 그림 : 정은숙
펴낸이 : 서영주
펴낸곳 : 도서출판 다솜
주소 : 서울특별시 강북구 오현로7길 20(미아동)
등록 : 제7-60호 1990. 7. 9
1판 1쇄 : 2004. 7. 29
1판 5쇄 : 2015. 1. 19

취급처 : 성바오로보급소
전화 : 944--8300, 986--1361
팩스 : 986--1365
통신판매 : 945--2972
E-mail : bookclub@paolo.net
www.paolo.net
www.facebook.com/stpaulskr

값 8,000원
ISBN 978-89-5620-018-7
ISBN 978-89-85879-58-3(세트)

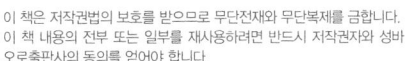

이 책은 저작권법의 보호를 받으므로 무단전재와 무단복제를 금합니다.
이 책 내용의 전부 또는 일부를 재사용하려면 반드시 저작권자와 성바오로출판사의 동의를 얻어야 합니다.

열 번째 이야기

'사부님 사부님' 열 번째 이야기에서 만나요!